BEI GRIN MACHT SICH IHR WISSEN BEZAHLT

- Wir veröffentlichen Ihre Hausarbeit,
  Bachelor- und Masterarbeit

- Ihr eigenes eBook und Buch -
  weltweit in allen wichtigen Shops

- Verdienen Sie an jedem Verkauf

**Jetzt bei www.GRIN.com hochladen
und kostenlos publizieren**

Bibliografische Information der Deutschen Nationalbibliothek:

Die Deutsche Bibliothek verzeichnet diese Publikation in der Deutschen National-
bibliografie; detaillierte bibliografische Daten sind im Internet über http://dnb.d-
nb.de/ abrufbar.

Dieses Werk sowie alle darin enthaltenen einzelnen Beiträge und Abbildungen
sind urheberrechtlich geschützt. Jede Verwertung, die nicht ausdrücklich vom
Urheberrechtsschutz zugelassen ist, bedarf der vorherigen Zustimmung des Verla-
ges. Das gilt insbesondere für Vervielfältigungen, Bearbeitungen, Übersetzungen,
Mikroverfilmungen, Auswertungen durch Datenbanken und für die Einspeicherung
und Verarbeitung in elektronische Systeme. Alle Rechte, auch die des auszugsweisen
Nachdrucks, der fotomechanischen Wiedergabe (einschließlich Mikrokopie) sowie
der Auswertung durch Datenbanken oder ähnliche Einrichtungen, vorbehalten.

Impressum:

Copyright © 2007 GRIN Verlag, Open Publishing GmbH
Druck und Bindung: Books on Demand GmbH, Norderstedt Germany
ISBN: 9783640570966

Dieses Buch bei GRIN:

http://www.grin.com/de/e-book/146585/der-einsatz-von-filmen-im-spanischunter-
richt-am-beispiel-von-hola-estas

Jana Crämer

Der Einsatz von Filmen im Spanischunterricht am Beispiel von "Hola, estás sola?"

GRIN Verlag

GRIN - Your knowledge has value

Der GRIN Verlag publiziert seit 1998 wissenschaftliche Arbeiten von Studenten, Hochschullehrern und anderen Akademikern als eBook und gedrucktes Buch. Die Verlagswebsite www.grin.com ist die ideale Plattform zur Veröffentlichung von Hausarbeiten, Abschlussarbeiten, wissenschaftlichen Aufsätzen, Dissertationen und Fachbüchern.

Besuchen Sie uns im Internet:

http://www.grin.com/

http://www.facebook.com/grincom

http://www.twitter.com/grin_com

HS „Bilder und Bildmedien im Spanischunterricht"
WS 06/ 07

Der Einsatz von Spielfilmen im Spanischunterricht

am Beispiel des Films „Hola, ¿estás sola?"

Jana Crämer
La Gym Spanisch/ Deutsch

Inhaltsverzeichnis

1) Einleitung

Unter den heutzutage genutzten Lehrbüchern für Fremdsprachen lässt sich kaum noch eines finden, das keine Bilder, seien es Fotos, Comics oder andere Zeichnungen, enthält. Betrachtet man diese Bilder genauer, wirft sich einem die Frage auf, welchen Zweck diese Bilder erfüllen. Einige dienen der Gedächtnisunterstützung, einige der Illustration von bestimmten Themen, andere lassen jedoch auch gar keine Funktion erkennen. Auch außerhalb der Lehrwerke kann im Spanischunterricht mit Bildern und Bildmedien gearbeitet werden. Das entscheidende Kriterium dabei ist, dass durch das Bild ein Lernprozess in Gang gesetzt wird.

Dabei können verschiedene Bilder unterschiedliche Funktionen übernehmen. Grammatikübungen und Wortschatz lassen sich beispielsweise durch sie semantisieren. Darüber hinaus können sie die Sprechaktivität fördern, denn Bilder erzeugen oftmals eine Spannung, die nur durch Sprache gelöst werden kann. Der Lehrer sollte sich dabei immer darüber bewusst sein, dass die Wahrnehmung bei verschiedenen Schülern unterschiedlich sein kann. Daher muss er zunächst abklären, was die Schüler auf dem Bild sehen. Der Fall, dass Dinge unterschiedlich gesehen werden, kann als Kommunikationsanlass gesehen werden.

Nun gibt es eine Reihe von Bildtypen und dazugehörigen Aufgabenstellungen, die für den Unterricht geeignet sind. Abbilder, wie zum Beispiel Fotos, sind sehr produktiv, da sich die Betrachter sehr gut einbringen können. Analoge Bilder, zu denen unter anderem Symbole gehören, rufen Konnotationen hervor und fördern ein interkulturelles Lernen. So genannte logische Bilder stellen schematisch eine Handlungskette dar und verdeutlichen dadurch bestimmte Prozesse.

Auch „bewegte" Bilder, also Videofilme, sind im Fremdsprachenunterricht einsetzbar. Bei diesem Filmmaterial kann es sich um Dokumentationen, Nachrichtensendungen, Serien oder andere Formate handeln. Auch Spielfilme sind zu berücksichtigen.

Im Folgenden sollen zunächst Argumente für den Einsatz von Spielfilmen sowie mögliche Aufgabenstellungen aufgezeigt werden. Im Anschluss daran soll ein konkretes Beispiel, und zwar der Film „Hola, ¿estás sola?" von Icíar Bollaín und sein möglicher Einsatz im Unterricht, vorgestellt werden. Dabei sollen Gründe für die Auswahl dieses Films, seine Einbindung in Lehrwerke und unterschiedliche Aufgabenstellungen berücksichtigt werden. Ziel dieser Arbeit ist es die Vielseitigkeit dieses Spielfilms im Bezug auf Fremdsprachenunterricht zu verdeutlichen.

2) **Argumente für den Einsatz von Spielfilmen im Spanischunterricht**

Dem Spielfilm im Unterricht kann von einigen Lehrern Skepsis entgegengebracht werden, da sie der Ansicht sind, solche Filme seinen zu zeitaufwendig und die Schüler würden dabei zu einem passiven Verhalten geführt. Zum ersten Kritikpunkt ist zu sagen, dass es durchaus Möglichkeiten gibt, die schlechte Praktikabilität der Filmlänge zu umgehen. Darauf soll aber an späterer Stelle noch einmal eingegangen werden. Der zweite angesprochene Punkt lässt sich dadurch umgehen, dass die Lehrperson den Filmeinsatz didaktisch organisiert und dabei ein ausgewogenes Verhältnis zwischen rezeptivem und produktivem Sprachgebrauch schafft. Dabei kann sie sich die Tatsache zu Nutze machen, dass Filme in der Regel ein Kommunikationsbedürfnis hervorrufen, welches im Unterricht durch direkte Kommunikation über das Gesehene gestillt werden kann.[1]

Beim Sehen eines Films handelt es sich immer um eine mehrkanalige, d. h. audiovisuelle, Rezeption. Im Fremdsprachenunterricht liegt demnach hierbei ein visuell unterstütztes Hörverstehen vor, welches das Gesamtverstehen positiv beeinflussen kann. Hinzu kommt, dass diese visuelle Unterstützung die Frustrationstoleranz der Schüler erhöht. Sie können die Erfahrung machen, dass sie nicht jedes Wort verstehen müssen, um eine Situation nachvollziehen zu können, oder anders gesagt, dass unter Umständen auch ein Globalverstehen ausreichend sein kann.[2]

Ein Film enthält außerdem immer auch kommunikative Elemente. Der Zuschauer erhält dadurch paralinguistische Informationen, beispielsweise durch Gestik und Mimik. Dabei kann es sich auch um in der Zielkultur konventionalisierte Gesten handeln. Auch Sprechtempo, Betonung oder Intensität der Stimme spielen hierbei eine Rolle. Im Unterricht würde dies bei den Schülern zu einer Erweiterung der angestrebten kommunikativen und interkulturellen Kompetenz führen. Förderlich ist dabei auch, wenn es sich bei dem Film um eine realitätsnahe Darstellung sprachlicher und kultureller Phänomene, wie authentisch wirkende Sprechweise oder Kleidung, handelt.[3]

Die Tatsache, dass das Medium Film bislang wenig schulisch vorbelastet ist, kann auf die Schüler motivierend wirken.[4] Eine Motivation muss aber, je nach Interessenlage der Schüler nicht zwangsläufig gegeben sein.

All diese Argumente zeigen, dass der Einsatz von Spielfilmen im Fremdsprachenunterricht durchaus vorteilhaft und nützlich sein kann, sofern er gut durchdacht und geplant ist. Wie solch ein

---

1   vgl. Wilts 2001, S. 210
2   ebd. S. 217
3   ebd. S. 214f
4   ebd. S. 215

Einsatz aussehen kann, soll im weiteren Verlauf noch deutlich gemacht werden.

3) Allgemeine Möglichkeiten des Einsatzes von Spielfilmen im Unterricht

Die zuvor bereits erwähnte Länge von Spielfilmen mag auf einige Lehrer vielleicht abschreckend wirken und sie am Einsatz dieses Mediums im Unterricht hindern. Dieses Problem kann aber umgangen werden, indem der Film in Sequenzen aufgeteilt wird. Dabei reicht es auch aus nur wichtige Schlüsselsequenzen anzuschauen. Der restliche Inhalt kann vom Lehrer zusammengefasst werden.[5] Allerdings ist zu berücksichtigen, dass dies bei den Schülern Spannung aufbauen könnte, so dass das Interesse besteht, den ganzen Film zu sehen. Dies ist nach intensiver Bearbeitung einzelner Sequenzen durchaus möglich.

Neben der Möglichkeit den Film en bloc anzusehen oder in Sequenzen aufzuspalten, gibt es noch weitere Varianten. Zum einen lässt sich der Ton abschalten, so dass die Schüler nur das Bild sehen, zum anderen kann auch nur der Ton abgespielt werden, ohne dass das Bild gezeigt wird. Beide Vorgehensweisen wecken bei den Schülern eine Erwartungshaltung. Es lassen sich Vermutungen anstellen, was im Film gesagt wird oder was zu sehen ist. Die so entstehenden Hypothesen können diskutiert, anschließend überprüft und schließlich bestätigt oder revidiert werden.

Darüber hinaus kann mit Transkripten der Filmdialoge oder mit anderen Textgrundlagen gearbeitet werden, beispielsweise mit der zu Grunde liegenden Erzählung oder dem Drehbuch, falls diese, wie bei „Hola, ¿estás sola?", verfügbar sind. Die Gefahr besteht hierbei jedoch darin, dass man wieder zu einer zu sehr textbasierten Arbeit gelangt und der Film in den Hintergrund tritt.

Um die Schüler an die genaue Beobachtung und Bearbeitung des Gesehenen heranzuführen, empfiehlt sich zunächst die Einführung eines filmsprachlichen Vokabulars, dass sich beispielsweise auf Kameraeinstellungen oder mitwirkende Personen wie Regisseur oder Schauspieler bezieht. Dadurch wissen die Schüler, worauf sie achten können und können ihre Beobachtungen und die wahrgenommenen Wirkungen adäquat formulieren.

Zur Arbeit mit Spielfilmen lassen sich zahlreiche Aufgabenstellungen finden. Die Schüler können im Anschluss an eine gesehene Sequenz wahr- / falsch- Aussagen überprüfen oder gezielte Fragen beantworten, die das Verständnis sichern sollen.

Das Füllen von Lücken in einem Text kann zur Schulung des Hörverständnisses eingesetzt werden.

Desweiteren lassen sich Zusammenfassungen aufgrund von Notizen erarbeiten, die danach schriftlich verfasst oder mündlich vorgetragen werden sollten.

---

5 vgl. Rössler S. 125

Eine weitere Aufgabenvariante ist die Charakterisierung einzelner Filmfiguren. Je nachdem, wieviel über die Person in Erfahrung gebracht werden kann, lässt sich sogar eine Kurzbiographie erstellen.

Für den Fall, dass ein transkribierter Dialog oder ein Drehbuch vorliegt, kann dieser in eine falsche Reihenfolge gebracht werden, so dass die Schüler ihn ordnen müssen. Sinnvoll ist diese Übung auch vor dem Anschauen einer Szene, da so auch hier wieder die Erwartungshaltung der Schüler geweckt werden kann.

Um das Verständnis zu sichern ist es auch möglich eine Liste mit Personen, Orten, Handlungen usw. zu Erstellen, in der die Lerner die Dinge markieren sollen, die auch wirklich in der gesehenen Frequenz vorkamen.

Eine weitere Aufgabe bietet das Zuordnen von Zitaten zu Personen und das Kontextualisieren dieser Zitate. [6]

All diese Aufgaben beziehen sich auf die Situation, dass die Schüler bereits zumindest Teile des Films gesehen haben. Aber auch bevor der Film gezeigt wird, können verschiedene Aufgaben bearbeitet werden. Die Präsentation des Filmplakats, der Video- bzw. DVD- Hülle, des Titels oder eines markanten Zitats einer Filmkritik können die Schüler Hypothesen aufstellen lassen und so vorentlastend wirken. [7]

Auch nach dem Ende des Films gibt es noch zahlreiche Möglichkeiten mit dem Film zu arbeiten. Die Arbeit mit Rezensionen bietet einen vertiefenden Umgang. Um die Schüler produktiv und kreativ handeln zu lassen, bietet sich das Schreiben einer eigenen Rezension an. Darüber hinaus können sie sich Gedanken dazu machen, wie die Geschichte der Figuren des Films weitergehen könnte. Da es sich um einen Originalfilm aus dem Zielsprachenland handeln sollte, können auch interkulturelle Unterschiede thematisiert werden. Die Fragestellung könnte hier lauten: Hätte der Film auch in Deutschland spielen können? Was wäre ähnlich? Was wäre unterschiedlich? [8]

All dies sind Beispiele, wie die Arbeit mit Spielfilmen im Unterricht aussehen kann. Um dies konkreter darstellen zu können sollen im weiteren Verlauf der Film „Hola, ¿estás sola?" sowie mögliche Aufgabenstellungen zu einigen Sequenzen vorgestellt werden.

---

6   vgl. Ramos Méndez S. 139ff
7   vgl. Wilts 2003 S. 6
8   vgl. Rössler S. 128

4) Gründe für die Auswahl von „Hola, ¿estás sola?"

Bei dem Film „Hola, ¿estás sola?" von Icíar Bollaín aus dem Jahr 1995 handelt es sich um einen spanischen Spielfilm, in dem zwei junge Frauen die Hauptrolle spielen. Zwar ist der Film nicht für den Spanischunterricht konzipiert worden, aber es gibt einige Gründe, die in dort einsetzbar machen.

Der Film bietet thematischen Abwechslungsreichtum. Es geht im Wesentlichen um Liebe, Freundschaft, das Erwachsenwerden und die Ablösung vom Elternhaus. Die beiden Hauptcharaktere sind, wie bereits erwähnt, zwei junge Frauen im Alter von etwa zwanzig Jahren. Dieser Umstand begünstigt, dass die jungen Zuschauer hier eine Möglichkeit der Identifikation mit, aber auch der Abgrenzung von diesen Figuren bietet. Darüber hinaus wird so ein kleiner Einblick in die spanische Jugendsprache gewährt.

Der Film ist teilweise ernst und traurig, bietet aber auch eine Vielzahl an lustigen Darstellungen. Dies könnte den Schülern gefallen und somit motivierend wirken.[9]

Ein weiterer Vorteil dieses Films liegt darin, dass die zugehörige Erzählung und das Drehbuch vom Barcelonier Verlag Planeta veröffentlicht wurden. Dies ermöglicht eine Verknüpfung von Film- und Textarbeit und kann den Schülern ein leichteres Verständnis ermöglichen. Es ist jedoch darauf zu achten, dass Film und Drehbuch an einigen Stellen nicht übereinstimmen. Dies bietet allerdings auch Möglichkeiten des Vergleichs.[10] Später soll darauf noch ein wenig genauer eingegangen werden.

Die Charaktere des Films sind überschaubar, die Handlung ist, meiner Meinung nach, nicht zu komplex und daher leicht nachzuvollziehen. Außerdem ist die Sprache, bis auf wenige Ausnahmen, leicht verständlich. Hinzu kommt, dass sich der Film gut in einzelne Schlüsselsequenzen aufteilen lässt, mit denen sich auch thematische Schwerpunkte setzen lassen, wie später an einem Beispiel deutlich werden soll.

Die Ansicht, dass „Hola, ¿estás sola?" für den Einsatz im Spanischunterricht geeignet ist, wird unterstützt durch die Tatsache, dass der Film bereits in zwei Lehrwerken, Enfoques und Encuentros, thematisiert wird. Was genau in diesen Büchern dazu zu finden ist, soll im Folgenden kurz dargestellt werden.

---

9 vgl. Rössler S.124f
10 ebd. S.125

5) „Hola, ¿estás sola?" in Lehrbüchern

Das Spanischlehrwerk Enfoques gibt zunächst eine kurze Übersicht über die Handlung des Films in Form einer Inhaltsangabe. Dabei kommt aber auch direkt eine Aufgabe für die Schüler zum Tragen. Die Abschnitte des kurzen Textes sind in der falschen Reihenfolge abgedruckt, so dass sie erst geordnet werden müssen. Die Schüler müssen also Vermutungen über den Ablauf der Handlung anstellen. Darauf folgen verschiedene Aufgabenstellungen zum Inhalt, in denen Personen charakterisiert oder Anweisungen der Regisseurin hinzugefügt werden sollen. Weiterhin enthält das Kapitel acht Transkripte von Filmszenen, zu denen es jedoch keine Aufgabenstellungen gibt. Der Lehrer kann also selbst entscheiden, wie mit diesen Textausschnitten gearbeitet werden soll. Unterbrochen werden die Texte zwischenzeitlich durch Fotos von zentralen Personen, die im Film vorkommen. Schließlich ist auch noch ein Interview mit der Regisseurin Icíar Bollaín zu finden, auf das Fragen zum Textverständnis folgen. Somit ist die die Arbeit mit diesem Kapitel stellenweise als reine Textarbeit konzipiert, lässt aber durch das bloße Vorhandensein der Transkripte auch einigen Handlungsspielraum.

Das entsprechende Kapitel im Lehrbuch Encuentros 2 Nueva Edición beginnt mit einer sehr kurzen Inhaltsangabe, die sich allerdings nur auf den Anfang des Films bezieht. Darauf folgt das Transkript eines Dialogs. Danach werden Vokabeln zum Thema Film, wie etwa Schauspieler oder Regisseur, eingeführt und schließlich sind auch hier Fragen zum Text zu finden. Dabei soll zum einen das Verständnis der Schüler gesichert werden, zum anderen sollen sie Vermutungen über Personen und Handlungen äußern. Es geht demnach hauptsächlich um Textarbeit. In diesem Kapitel kommen zwei Fotos aus dem Film vor, die insgesamt drei der zentralen Figuren abbilden.

Vergleicht man diese Kapitel der beiden Lehrwerke miteinander, so ist deutlich zu erkennen, dass das in Enfoques deutlich länger ist und auch inhaltlich mehr bietet. Außerdem ist hier nur ein Teil der Aufgaben vorgegeben, gerade durch die Transkripte ist eine flexible Unterrichtsgestaltung möglich. Natürlich spricht auch nichts dagegen, von den vorgegebenen Aufgabenstellungen abzuweichen, allerdings bietet das Lehrwerk Encuentros, meiner Meinung nach, hier aufgrund des geringeren Umfangs weniger Möglichkeiten.

Insgesamt ist aber zu sagen, dass beide Lehrbücher einen guten Einblick in den Film gewähren und die Kapitel sowohl für sich allein als auch im Zusammenhang mit „Hola, ¿estás sola?", ob als Einstieg oder den Film begleitend, eine hilfreiche Arbeitsgrundlage bieten.

6) Konkrete Aufgabenstellungen zu „Hola, ¿estás sola?"

6.1) Beispiel 1

Wie bereits erwähnt, lassen sich im Beispiel „Hola, ¿estás sola?" einzelne Sequenzen auf unterschiedlichste Art und Weise bearbeiten. Einige Beispiele sollen nun erläutert werden.

Bereits die allererste Sequenz bietet mehrere Möglichkeiten, die im Unterricht umgesetzt werden können. Diese Sequenz geht dem Vorspann voraus. Man sieht eine der Hauptfiguren, die junge Niña, die mit einem jungen Mann im Bett liegt. Es klopft an der Tür, sie wird von außen geöffnet und Niñas Vater steckt seinen Kopf ins Zimmer. Man sieht ihm an, dass er mit diesem Anblick nicht gerechnet hat und schließt die Tür wieder. Niña weckt ihren Freund und drängt ihn zu gehen. Er geht widerwillig. In der nächsten Szene betritt Niña die Küche, in der ihr Vater sitzt. Die beiden streiten sich, der Vater ist nicht mit der Lebensweise seiner Tochter einverstanden. Er möchte, dass sie ihr Leben ändert und bei ihm im Geschäft arbeitet. Doch sie sträubt sich dagegen und verlässt wütend die Küche. In ihrem Zimmer packt sie ein paar Kleidungsstücke in eine Tasche. Dann ist zu sehen, wie sie wieder in die Küche geht und ihrem Vater einen Kuss gibt. Er fragt, ob sie zum Abendessen da ist. Sie antwortet, dass sie das nicht glaube.

Auf diese erste Sequenz von ungefähr vier Minuten folgt der Vorspann. In ihm ist zu sehen, wie Niña mit der Tasche über der Schulter durch die Stadt läuft. Sie hält nur einmal kurz an um sich mit Leuten in einem Park zu unterhalten, die sie zu kennen scheint. Untermalt wird dies durch Musik und Gesang.

Es gibt nun unter anderem folgende Möglichkeiten den Anfang des Films im Unterricht einzusetzen und zu bearbeiten. Die Schüler sehen zunächst den Vorspann ohne etwas von der vorangehenden Sequenz zu wissen. Das Gesehene kann dann versprachlicht werden. Danach sollen die Schüler Vermutungen über die Person äußern, die sie dort sehen: Wer ist das Mädchen? Wo geht sie hin? Wie fühlt sie sich? Was hat sie vor?[11] Darüber hinaus können von den Schülern Aspekte angesprochen werden, die ihnen auffällig erscheinen. Hierzu könnte beispielsweise der Gesang gehören. Es ist deutlich zu hören, dass nicht in spanischer Sprache gesungen wird. Meine Vermutung ist, dass es sich um Russisch handelt, da ein russischer junger Mann im weiteren Verlauf des Films noch eine Rolle spielt und der Interpret russischer Abstammung ist. Konkrete Informationen zum Lied ließen sich jedoch leider nicht finden.

---

11 vgl. Rössler S.125f

Nach dem Aufstellen von Hypothesen erfahren die Schüler, dass dem Vorspann noch eine Sequenz vorweggeht. Diese wird ihnen dann gezeigt. Auch hier sollen sie das Gesehene versprachlichen und dadurch ihre Hypothesen überprüfen. Zum besseren Verständnis kann, wenn nötig, der Dialog im Drehbuch gelesen werden. Eine Alternative ist das Anschauen der ersten Sequenz ohne Ton. Die Schüler können Vermutungen anstellen, was gesagt wird und dies in einem Dialog aufschreiben. Danach kann die Sequenz mit Ton angesehen werden, so dass sie auch hier ihre Vermutungen überprüfen können.[12]

Wie zuvor bereits erwähnt, weist das Drehbuch Unterschiede zum Film auf. Einer dieser Unterschiede ist das Vorhandensein der Stimme Niñas aus dem Off im Drehbuch. Sie sagt dort nach dem Vorspann folgendes:

„Asi que casi sin darme cuenta me encontré en la calle. Con mi sujetador de veinte duros, una bolsa y dos mil pelas en el bolsillo. Es decir, que no tenía dónde caerme muerta porque, si mi padre iba en serio, yo más."

Nach der Klärung von Vokabeln, vor allem umgangssprachlichen Ausdrücken wie *pelas* oder *caerme muerta*, kann durch diese Off- Stimme eine weiterführende Aufgabe folgen. Die Schüler sollen diese Stimme in der Ich- Form fortsetzen und darin zum Ausdruck bringen, wie Niña sich fühlt und was sie nun zu tun gedenkt:

„ ¡Continúa esta voz en primera persona!

¿Qué sentirá Niña en este momento?

¿Qué planes tendrá?"

Auch diese Übung veranlasst die Schüler wieder, Vermutungen über das weitere Geschehen anzustellen.[13]

6.3) Beispiel 2

In der nächsten Beispielsequenz sind Niña und ihre Freundin Trini am Bahnhof zu sehen. Sie haben zuvor beschlossen nach Málaga zu fahren und dort reich zu werden. Niña fragt Trini nach Fahrkarten, aber Trini sagt nur, Fahrkarten seien sehr teuer. In der nächsten Szene sieht man die jungen Frauen an einem Auto stehen. Trini bricht die Tür des Wagens auf. Die folgende Kameraeinstellungen zeigt Niña, wie sie aus einem der hinteren, geöffneten Autofenster in die Gegend schaut. Dann wird etwas von der Umgebung gezeigt. Als nächstes sieht man Trini, die den Kopf aus dem Beifahrerfenster hält und ebenfalls die vorbeiziehende Gegend betrachtet. Schließlich wird für den Zuschauer deutlich, dass das Auto, in dem die beiden sitzen, sich auf einem

---

12 vgl. Rössler S.126
13 ebd. S.126+ 129

Autotransportzug befindet. Untermalt wird dies durch Musik. Diese Sequenz bietet sich, meiner Meinung nach, für die Anwendung eines zuvor eingeführten Analysevokabulars an. Die Schüler können hier beschreiben, durch welche Mittel, wie beispielsweise die Kameraeinstellung, der Zuschauer zunächst von der Situation ausgeht, Trini säße am Steuer. Im Hinblick auf die Musik, die Landschaftsaufnahmen und die Mimik der Darstellerinnen sollen die Schüler die Stimmung beschreiben, die diese Sequenz vermittelt.

6.3) Beispiel 3

Das nächste Beispiel schließt sich direkt an die eben beschriebene Sequenz an. Es ist mittlerweile dunkel geworden und die beiden Mädchen sitzen auf der Rückbank des Autos und unterhalten sich. Trini erzählt von ihrer Jugend im Internat, aus dem sie oft weggelaufen ist, und von dem Verhältnis zu ihren Eltern. Diese Szene ist sehr wichtig, da es um die Beziehung zu den Eltern geht, die im Film eine zentrale Rolle spielt.[14] Daher sollte sie genau verstanden werden. Zu diesem Zweck lässt sich eine Hörverstehensübung in Form eines Lückentextes einbringen (s. Anhang). Bei der Platzierung der Lücken sollte darauf geachtet werden, dass sie weit genug auseinander gesetzt werden und das es nicht zu viele sind, damit die Schüler genügend Zeit haben, sich auf das Fehlende zu konzentrieren und es an entsprechender Stelle einzusetzen. Wahrscheinlich ist ein mehrmaliges Abspielen der Szene erforderlich, da die Schüler nicht alle fehlenden Ausdrücke auf Anhieb heraushören können.

Als Niña sie nach ihrer Mutter fragt, kommen Trini die Tränen und sie sieht aus dem Fenster in Richtung Himmel. Dies lässt die Vermutung zu, dass ihre Mutter gestorben ist. Allerdings wird es im Film nicht ausdrücklich gesagt, im Drehbuch steht es jedoch. Jedenfalls kann auch diese Stelle des Films die Schüler wieder zu Vermutungen veranlassen, was mit Trinis Mutter geschehen ist:

„¿Dónde está la madre de Trini?"

Nach Trinis Reaktion auf die Frage nach ihrer Mutter sagt Niña, dass Mütter nicht das wichtigste auf der Welt seien:

„Las madres no son lo más importante del mundo."

Dieses Zitat lässt Schlüsse auf das Verhältnis zwischen Niña und ihrer Mutter zu. Die Schüler sollen sagen, was sie von diesem Satz halten und warum Niña so etwas sagen könnte:

„¿Qué te parece esta frase de Niña?

¿Por qué lo dice?"

Auch dies ist eine wichtige Stelle im Film, da eines der Hauptthemen die Beziehung zwischen Niña

---

14 vgl. Rössler S.126

und ihrer Mutter ist.[15] Eine Möglichkeit wäre, genau die Szenen, in denen es um dieses Verhältnis geht, im Unterricht zu bearbeiten.

6.4) Mögliche Aufgaben zum Ende des Films

Der Film zeichnet sich durch ein relativ offenes Ende aus. Man sieht die Freundinnen im Zug, wie sie über ihre Zukunft als Mütter sprechen. Dann sieht man den Zug aus der Vogelperspektive in eine weite Landschaft fahren. Dieses Ende bietet eine Reihe von Bearbeitungsmöglichkeiten. Die Schüler könnten beispielsweise über die Zukunft der jungen Frauen spekulieren und eine Geschichte dazu schreiben.

Auch der Vergleich mit dem Ende, wie es im Drehbuch beschrieben ist, lohnt sich. Dort ist es nämlich nicht so offen. Niña hat sich während eines Aufenthalts in Madrid in einen russischen jungen Mann namens Olaf verliebt, der nur wenig Spanisch versteht. Olaf verschwindet, ohne dass jemand weiß, was mit ihm geschehen ist. Im Drehbuch trifft Niña ihn am Ende in einem Krankenhaus wieder und erfährt, dass er einen Unfall hatte und sich nicht bei ihr melden konnte. Die Schüler können überlegen, welches Ende ihnen besser gefällt und in einer pro- contra-Diskussion ihre Meinung zum Ausdruck bringen.

Zu dem Film „Hola, ¿estás sola?" sind auch zahlreiche Rezensionen erschienen, die im Unterricht eingesetzt werden können. Die Schüler können diese lesen und ihre Meinung dazu äußern. Auch zu Zitaten aus Interviews mit der Regisseurin können sie Stellung nehmen.[16]

Darüber hinaus sind natürlich auch die Aufgaben denkbar, die bereits zu Beginn im Zusammenhang mit dem Ende eines Films beschrieben wurden, wie beispielsweise das Schreiben einer Rezension oder die Frage nach kulturellen Unterschieden.

---

15 ebd. S. 126
16 vgl. Rössler S.127

7) Resümee

Die während meines Referats vorgestellten und im Seminar auch praktisch durchgeführten Aufgaben zu „Hola, ¿estás sola?" haben die Annahme, der Film sei im Unterricht gut einsetzbar, durchaus bestätigt. Bereits durch das Abspielen von zwei Sequenzen zeigte sich, dass die dazu gestellten Aufgaben sehr gut zu realisieren waren. Das Zeigen von Ausschnitten des Films wird hier durch die Möglichkeiten der Technik begünstigt. Da der Film auf DVD erhältlich ist, lassen sich einzelne Szenen oder Sequenzen schnell und bequem finden. Das Umstellen auf eine andere Tonspur ist bei dieser DVD leider nicht möglich, sie zeigt den Film ausschließlich in spanischer Sprache. Ein Untertitel kann ebenfalls ausschließlich auf Spanisch eingeblendet werden. Daher ist der Film in erster Linie für Lerner mit fortgeschrittenem Sprachniveau geeignet.

Auch die inhaltliche Akzentuierung, die vorgenommen werden kann, wird in den vorgestellten Beispielen deutlich. Hierbei geht es hauptsächlich um das Verhältnis und die Konflikte zwischen Eltern und ihren Kindern. Besonders in Bezug auf die Probleme Niñas mit ihrer Mutter kann ein thematischer Schwerpunkt gesetzt werden. Dieser wird im Aufgabenbeispiel 3 bereits angedeutet. Eine solche Aufgabe könnte den Ausgangspunkt für die Arbeit mit zahlreichen weiteren Szenen, die von dieser Mutter- Tochter- Problematik handeln, dienen. Aber auch Inhalte wie Liebe oder Freundschaft können intensiver thematisiert werden.

Ein Einblick in den spanischen Sprachgebrauch ist ebenfalls gegeben. Die Darsteller sprechen auf authentische Weise, manchmal vielleicht etwas zu schnell für Fremdsprachenlerner. Diese Passagen können allerdings mehrfach angesehen oder auch in Drehbuchauszügen nachgelesen werden. Insgesamt halte ich die Sprache aber für gut verständlich.

Das im Handel erschienene Drehbuch empfinde ich als weiteren Vorteil. Es kann nicht nur das Verständnis des Gesehenen erleichtern, es ist auch für den Lehrer hilfreich bei der Erarbeitung von Aufgabenstellungen (s. Beispiel 1), besonders beim Erstellen von Lückentexten, da somit keine eigene Transkription mehr nötig ist.

Meiner Meinung nach ist der gesamte Inhalt des Films nicht allzu komplex und für Schüler sicherlich gut nachzuvollziehen.

Darüber hinaus spielt auch die Länge des Materials eine Rolle. Mit ungefähr 90 Minuten ist „Hola, ¿estás sola?" im Unterricht leicht zu bewältigen, vor allem, wenn man davon ausgeht, dass man zunächst ausgewählte Sequenzen bearbeitet und danach den ganzen Film, vorzugsweise in einer Doppelstunde, zeigt.

Ich persönlich kann mir nach der Auseinandersetzung mit diesem Thema sehr gut vorstellen selbst Filme, insbesondere „Hola, ¿estás sola?", im Spanischunterricht einzusetzen.

8) Literaturverzeichnis

– Ramos Méndez, Carmen: Integración del vídeo en la clase de español: algunos ejemplos prácticos. In: Spanischunterricht heute: Beiträge zur spanischen Fachdidaktik. Bonn: Romanistischer Verlag, 1998. S. 133- 152

– Rössler, Andrea: Hola, ¿estás sola?- Una película de Icíar Bollaín en la clase de español. In: Hispanorama 93 (2001), S. 124- 130

– Wilts, Johannes: Grundzüge einer Spielfilmdidaktik für den Französischunterricht. In: Neusprachliche Mitteilungen aus Wissenschaft und Praxis 54 (2001), S. 210- 220

– Wilts, Johannes: Vom bewegten Bild zum bewegten Klassenzimmer. In: Der fremdsprachliche Unterricht- Französisch 37 (2003), S. 4- 10

Lehrwerke:

– Encuentros 2 Nueva Edición- Lehrwerk für den Spanischunterricht. Berlin: Cornelsen, 2004.
– Enfoques- Spanisches Lesebuch für die Oberstufe. Bamberg: Buchner, 2004.

9) Anhang

- Arbeitsblatt zu Aufgabenbeispiel 3

Hoja de trabajo

Tarea número 1

Trini: Esto me recuerda cuando _____ del internado.

Niña: ¿Te escapabas? ¿Adónde?

Trini: Por ahí... cogía un tren y me iba por ahí... pero siempre me pescaban y me

llevaban _____. Hasta los dieciséis años. Entonces no me buscaron más.

Niña: ¿Y tus padres?

Trini: Pues...a mi padre no _____... Y a mi madre un poco... muy poquito...

Niña: ¿Por qué?

Trini: Tenía muchas cosas que hacer... supongo...

Niña: _____

Pues, Trini; las madres no son lo más importante del mundo.

Tarea número 2

a) ¿Dónde está la madre de Trini?

b) *„Las madres no son lo más importante del mundo. "*

¿Qué te parece esta frase de Niña? ¿Por qué lo dice?

BEI GRIN MACHT SICH IHR WISSEN BEZAHLT

- Wir veröffentlichen Ihre Hausarbeit,
  Bachelor- und Masterarbeit

- Ihr eigenes eBook und Buch -
  weltweit in allen wichtigen Shops

- Verdienen Sie an jedem Verkauf

Jetzt bei www.GRIN.com hochladen
und kostenlos publizieren